AF276193

LA GENEROSIDAD

Xavier Puchades

XVIII Premio SGAE Leopoldo Alas Mínguez

fundación sgae

Sin la autorización por escrito de la editorial, no se permite la reproducción total o parcial de esta obra ni tampoco su tratamiento o transmisión por ningún medio o sistema.

De igual manera, todos los derechos que de ella dimanen, cualquiera que sea la naturaleza de estos, así como las traducciones que puedan hacerse, incluyéndose igualmente las representaciones profesionales y de aficionados, las películas de corto y largo metraje, recitación, lectura pública y retransmisión por radio o televisión, quedan estrictamente reservados. Se pone un especial énfasis en las lecturas públicas, cuyo permiso deberá asegurarse por escrito.

Las solicitudes para la representación de esta obra, de cualquier clase y en cualquier lugar del mundo, habrán de dirigirse a Sociedad General de Autores y Editores, SGAE, en la calle de Fernando VI número 4, 28004 Madrid, España.

Xavier Puchades
LA GENEROSIDAD
Primera edición, 2025

© De *La generosidad*: Xavier Puchades Hernández
© De la Presentación: Pablo Peinado Céspedes
© Para esta edición: Fundación SGAE, 2025

Coordinación editorial: Pilar López
Diseño gráfico y de cubierta: José Luis de Hijes
Maquetación y procesos digitales de edición: spandaeditorial.com
Corrección: Susana Pulido
Imprime: Estugraf Impresores, SL

Edita: Fundación SGAE
Bárbara de Braganza, 7, 28004 Madrid
publicaciones@fundacionsgae.org
www.fundacionsgae.org

ISBN: 978-84-8048-961-4
ISBN electrónico: 978-84-8048-962-1
D L: M-19507-2025

Índice

A quién le importa

A Boris Enrique Méndez Salvo por su lejanía tan cercana,
porque un día le expliqué y le hablé sobre las personas trans
para que comprendiera y respetara.

El jurado de la XVIII edición del Certamen LAM (Leopoldo Alas Mínguez), año 2024, para textos teatrales de temática LGTBIQ+, el único premio en todo el mundo centrado en esta temática, estuvo conformado por los dramaturgos y las dramaturgas Sergio Adillo, José Manuel Lucía Megías, Jesús Torres, Fátima Delgado, Pere Riera Ortiz y Queralt Riera, así como por mí en mi condición de presidente. Este jurado decidió que el mejor de los textos presentados a concurso era *La generosidad* de Xavier Puchades.

En *La generosidad*, uno de los profesores dice a sus compañeros: "A mí todo esto me pilla mayor...". Con la expresión "todo esto" se refiere a temas como la orientación sexual o la identidad de género. Y es que esta vaguería mental, esta manera de excusarse para no tener que pensar ni reflexionar, para no tener que esforzarse en entender a los demás y sus motivaciones, es muy común en nuestra sociedad, entre otras cosas porque el Estado desaprovecha sus recursos, y en lugar de usar sus canales de televisión y radio para hacer pedagogía, para enseñar a una sociedad que lo necesita como una persona perdida en el desierto necesita el agua, se dedica en gran medida a programar espacios de basura mental que no nos estimulan ni nos ayudan a desarrollar un pensamiento propio.

La generosidad narra, con respeto y delicadeza, una historia que transcurre a lo largo de diecinueve años (de 2001 a 2020) y que comienza con el nacimiento de Lucas, quien dieciséis años más tarde, ya en la adolescencia, descubrirá que es una persona trans. La obra es una deliciosa historia llena de humor en la que múltiples y contradictorias voces componen un *collage* de la sociedad española actual, en la que conviven los más avanzados derechos junto a ideologías ultrarreaccionarias que buscan revocarlos. Esta contradicción es un signo de nuestro tiempo, aunque no solo de nuestro tiempo, ya que Europa vivió una etapa muy parecida en los años veinte y treinta del pasado siglo y todos sabemos cómo acabó.

Xavier Puchades construye la obra a través de personajes que aportan diferentes puntos de vista sobre la transexualidad de Lucas y, sin duda, uno de los más inesperados es J. K. Rowling, la autora de la saga de *Harry Potter* y últimamente más conocida por sus ataques constantes en entrevistas y redes sociales a las mujeres trans (no así a los hombres trans) y sus derechos. Su apoyo económico y su popular voz a la causa de las TERF (feministas anti-trans) han sido eficaces herramientas para lograr revocar derechos que el colectivo trans tenía asentados en Reino Unido. Puchades la presenta como una aparición fantasmal, como un personaje más para que dialogue y confronte con Lucas, y es lo suficientemente generoso con ella (de nuevo la generosidad) como para que no salga demasiado perjudicada ni deshumanizada, pese a su conocidísima transfobia.

La obra huye de los clichés y matiza cada personaje, siempre tratando de evitar los maniqueísmos. Así, aunque Lucas se identifica como varón no quiere ser un mero estereotipo de masculinidad, sino que tiene a Frank-N-Furter, el científico loco y travestido del filme *The Rocky Horror Picture Show*, como principal referente, una síntesis de lo masculino y lo femenino y una fuente de inspiración por su iconoclastia, su rebeldía y sus deseos de libertad.

Al leer este texto viviremos el día a día de un instituto. En esa cotidianeidad destaca el manejo del lenguaje coloquial y del humor a través de los que el autor nos conecta con el presente y con las voces jóvenes. Es un enfoque valioso porque narra una historia compleja de una manera fresca y directa, buscando el diálogo entre opiniones opuestas, sin agresividad y sin querer generar una violenta confrontación, dejando siempre espacio para el entendimiento y la esperanza. *La generosidad* busca discurrir por la senda preciosamente imprecisa de las identidades en transición y lo hace mediante el uso de distintas voces, todas ellas tan sólidas como los ejes temáticos sobre los que orbita la peripecia vital de Lucas, una persona que tan solo aspira a lo más íntimo y sagrado: ser, existir, ser él mismo... es decir, vivir sin que nadie decida por él y sin que nadie le diga cómo debe hablar, comportarse o vestir.

Lucas lo único que quiere es ser libre. Tan libre como cualquiera, porque la libertad de cada persona para ser ella misma es la gran lección que regala al lector *La generosidad*, por eso a lo largo de toda la obra, en algunos momentos con dolor, asistimos al enorme esfuerzo que tiene que hacer este joven para lograr ser comprendido y respetado. Y me permito añadir que siempre andan por medio las malditas/benditas etiquetas que nos permiten entendernos pero que también, desgraciadamente, encorsetan a las personas y las meten en un reducto del que no pueden escapar.

Por eso me parece que la canción *A quién le importa*, que se ha convertido en un himno de libertad para las personas LGTBIQ+, define muy bien lo que quiere Lucas, al igual que sucede con el tema *Libre* que interpretaba con tanta pasión Nino Bravo y que hablaba de forma muy poética de escapar de la prisión, de ansias de volar y de ser libre como el mar...

En un mundo ideal debería dejar de importarnos con quién se acuesta una persona o con qué género se identifica. Ambas son decisiones personales que no nos incumben a los demás y que deberíamos respetar con generosidad. La misma generosidad a la que alude el título de la obra y de la que demasiadas personas carecen.

Pablo PEINADO CÉSPEDES
Presidente de la Asociación Cultural Visible

LA GENEROSIDAD

La generosidad

Personajes

L: *Lucas dice que ya se ha presentado en la sinopsis...*

M y P: *La Madre y el Padre de Lucas. Siempre atareados. A los dieciséis años, Lucas viajó a Irlanda y dejó una carta a su madre en la que le decía que era trans. Cuando regresó, su madre había pintado de gris su habitación rosa. En alguna parte había leído que ese gris generaba un ambiente acogedor. Esta anécdota no sale en la obra, pero define muy bien a la Madre.*

LA y C: *Laura y Claudia, amigas de Lucas. Saben cosas sobre Lucas que ni él mismo conoce. Por eso son sus amigas, dice Lucas, que las imagina como Magenta y Columbia, las dos criadas del Dr. Frank-N-Furter, del musical* The Rocky Horror Picture Show.

PR: *El Profesorado. Está cansado; algunos docentes, demasiado mayores para ciertas cosas. Otros tratan de ayudar y les sale mal o regular. Otros, simplemente, no deberían ser profesores.*

A: *El Alumnado. También está cansado. Demuestra conocer muy bien la teoría, pero poco la práctica. Ser adolescente no es fácil.*

D: *El Doctor, que trae al mundo a Lucas a pesar de su resistencia.*

S: *Un Señor. Personaje plano y sin ninguna profundidad. (Pausa). Nos van a acusar de panfletarios. Bueno, pero es bastante real o virtual o algo, ¿no? —añade Lucas.*

CH: *Un Chico, compañero del instituto. Le gustan los animales, le gusta cazar. Una vez su padre le pegó un guantazo que casi lo entierra. Mira a Lucas.*

RA y SA: *Otros dos compañeros del instituto. Poco sabemos de ellos, apenas escuchamos su tensa conversación sobre Lucas en unos vestuarios con olor a lejía, pan mojado y calcetines sucios.*

MA: *Un Machote como el Señor, pero más joven. Otro personaje plano, vaya...*

JKR: *Jo. Conocida escritora que realizaba donaciones a la comunidad LGTBIQ+ y ahora ya no.*

Nota previa a la lectura

En el texto, la barra (/) indica interrupción.

Primera parte
2001-2017

1. In/visible

En la oscuridad, se escucha la voz de una adolescente.

L.— ¿Existo?
   ¿Alguien me ve?
   ¿Se me oye? ¿Sí?
   Ahora ya no soy esta voz,
   han pasado tres años y...
   ¿De verdad interesa
   que cuente mi vida?
   Esto de contar mi vida
   cuando aún soy tan joven
   me hace sentir un *señoro*,
   un viejo, un muerto, ¡un zombi!

   Pausa.

   Os hablo desde el pasado,
   desde los dieciséis años.
   Estoy a punto de resetear mi vida.
   Estoy a punto de volver
   a nacer.
   Sí, como lo oís.
   Dicen que sientes eso:
   "¡Es como volver a nacer!".
   Yo no lo sé... aún.
   Lo sabré después,
   o no...

   Pausa.

¿Alguien se acuerda
de lo que sintió al nacer?
¿Qué se siente?
Yo no me acuerdo.
Y cuando preguntas,
nadie sabe decirte
si sintió dolor
o no
o qué...
Nadie se acuerda de eso.

   Pausa.

¿Y si fuera todo
mentira?
¿Y si fuéramos mentira
desde que nacemos?

   *Silencio. El espacio se ilumina un poco hasta que se distingue una
   silueta, la de L.*

¿Existiré?
Ahora escucháis esta voz que,
dentro de poco,
dejará de ser mi voz,
pero existiré igual,
o de otra forma.
¿Será mejor o peor?
¿Dejaré de ser yo?
Bueno,
¡si no sé ni quién soy ahora!
¿Quién soy? Ni idea.
¿Y si nunca hubiese un "yo"?
¿Y si fuésemos siempre
muchos por dentro

y al mismo tiempo?
¡Qué ansiedad!

Pausa.

Estos son mis padres.

Aparecen las siluetas de la Madre (M) y el Padre (P) muy ocupados en tareas indefinidas, gesticulando de una forma bastante ridícula.

Mamá...

M.— ¿Sí...?

L.— Soy bisexual.

M.— Muy bien, hija...

L.— Mamá, que no, que ahora soy lesbiana.

M.— Me parece maravilloso, hija...

L.— Mamá, mamá, ¡creo que soy un chico!

M.— Genial, así tendrás la vida más fácil.

L.— Uhm, creo no me gustan las chicas.

M.— Lo que tú veas, hija... Digo, hijo...

L.— No, que sí, que sí me gustan.

M.— Ay, qué bien. Me alegro mucho por ti...

L.— ¡Mamá! ¡Mamá! ¡Mamá!

Silencio.

M.— ¿Has dicho algo...?

L.— Cuando os hablo, ¿me escucháis?

M.— Uy... Yo, sí. Desde que te parí.
¡Si naciste hablando!

L.— ¿Qué dices?

M.— Noche y día hablabas
aquí dentro,
en la pancha: bla, bla, bla...

L.— ¿Y qué sentiste cuando nací?

M.— Descanso, pero fue muy breve,
volviste a hablar enseguida.

L.— Papá, ¿y tú qué piensas?

P.— Yo lo que tú quieras, hija.

L.— ¿Lo que yo quiera de qué?

P.— De lo que sea, hija, de lo que sea...

*La Madre y el Padre desaparecen muy atareados en no se sabe
qué obligaciones. La luz se intensifica un poco más y deja ver a L, un
adolescente trans, vestido con ropa masculina oscura que le queda un poco grande.*

L.— Existo,
ahora ya lo sé,

empiezo a existir,
por eso estoy aquí.
Ahora,
hago primero de bachiller.
Es 2017,
hace tres años
y no estoy solo.

Pausa.

Esta es Laura,
mi mejor amiga.

Entra Laura (La) absorta en la pantalla del móvil. L también saca su móvil y lo mira. Conversan en un chat mientras deambulan cada uno por un lado sin apartar los ojos del móvil.

Tía, tengo que decirte algo. ¡Urgente!

LA.— Eres trans.

Silencio.

¿Hola?

L.— ¿Cómo lo sabes?

LA.— Porque lo sé.

L.— ¿Y por qué no me lo has dicho?

LA.— ¡Yo qué sé!

L.— ¡Me lo tenías que haber dicho!

LA.— ¿Yo? ¿Por qué?

L.— ¡No sé! ¡Habría sido un detalle!

LA.— Si te lo digo, igual te mosqueas.

L.— ¡Pues haberme hecho señas!

LA.— ¿Qué señas?

L.— ¡Pues señas!

> *L realiza unas señas muy expresivas, pero inútiles y ridículas. Se detiene, se miran en silencio unos segundos, se guardan los móviles. L vuelve a hacer las mismas señas, un poco más exageradas.*

LA.— ¿Qué haces? ¿Qué dices?
  No se te entiende nada.
  No sé qué haces...

L.— *(Se detiene)* Pues qué raro,
  tú que lo sabes todo...

LA.— ¿Ves? Te ha sentado mal.

L.— Dime la verdad...
  ¡No lo sabías!

LA.— ¡Claro que lo sabía!

L.— ¡Pues vaya amiga!

LA.— ¡La mejor!
  Yo te quiero, Lu.

L.— ¡No!

LA.— ¿Cómo que no?
¡Cerraría mi Instagram por ti!

L.— No, que Lu, no...

LA.— Ah, ¿no?

L.— No, no... Llámame... ¡Álex!

LA.— ¿Álex? ¡Álex, no! ¡Ni de coña!

L.— ¿No? ¿Y por qué no?

LA.— Porque no te pega nada.
Pero nada, nada...

L.— Pues dime qué nombre me pega,
¡oh, reina de la sabiduría!

LA.— Me gusta... Uhm... Lucas.

L.— ¡¿Lucas?! *(Piensa)*
Bueno, Lucas está bien...
De hecho, me encanta.
¡Me encanta mucho!
¡Tía, lo sabes todo!

LA.— Sí, ¿no? ¡Lo sabía!

L.— ¡Sí! ¡Lucas! ¡Lu... cas!

LA.— ¡Te quiero mucho, Lucas!

L.— ¡Y yo a ti, Laura!

Se abrazan y gritan efusivamente. Se detienen de golpe, sacan los móviles y se aíslan mirando sus respectivas pantallas en silencio. Laura desaparece en la oscuridad. Luz completa sobre L.

"Existo-existo-existo",
me repito cada mañana
cuando despierto
y me siento invisible
de nuevo.

Pausa.

Ya lo sabe todo el instituto.
¡Existo!
Y todo el pueblo.
Lo sabe todo el mundo.
Existo...
Pero yo...
Yo...

Oscuro súbito.

¿Existo de verdad?

2. SE VA A LIAR

28 de febrero de 2017, a las 7:54 horas. Sala de profesores, antes de comenzar las clases. Un número indeterminado de docentes forma un grupo bastante homogéneo que toma café mientras conversa. Al comienzo son un único cuerpo coronado por cerebros aletargados. Poco a poco, el Profesorado (Pr) irá despertando y disgregándose.

—Qué pereza dar clase ahora...

—Y siempre...

—Qué sueño...

—Peor es estar aquí.

—Una sala de profesores tan pequeña.

—Bueno, ¿qué hacemos con Lucía?

—¿Qué le pasa ahora?

—¿Lucía? Ahora es Lucas, ¿no?

—Puag, este café debería estar prohibido.

—¿Habláis de Lu?

—Uy, Lu, no.

—Ah, ¿no?

—Ya no quiere que la llamen así.

—Ah, ¿no?

—No, ya no.

—Así, ¿cómo?

—Lu. Lu ahora no se llama Lu, se llama Lucas.

—Lucía, Lu, Lucas... Meteré la pata, seguro.

—Ella es la que está metiendo la pata.

—¿Ella?

—Ya, Lu era más sencillo.

—Más corto.

—Sí, ella. Cuando se dé cuenta de lo que hace, ya será tarde.

—Solo se ha cambiado el nombre.

—¿Y piensa cambiárselo muchas veces?

—Lucas. Tampoco es tan complicado.

—Se empieza por el nombre...

—¿Qué más da Lu que Lucas?

—Lo habrá pensado bien, ¿no? Antes de... Ya sabéis.

—¿Pensado? ¿Tú ves a nuestros alumnos pensar?

—Pensar, piensan, pero en otras cosas...

—¿Y los padres?

—Esos no piensan tampoco.

—No tienen tiempo.

—Se refiere a los padres de Lucas, ¿no?

—Sus padres lo llevan bien, creo.

—No. Digo los otros padres.

—Los del resto de los alumnos. ¿Qué pensarán?

—Será contigo...

—¿Qué?

—Lo de que piensen, conmigo tampoco piensan nada.

—Se va a liar. ¿Habéis visto lo del autobús ese?

—Los padres no están preparados para estas cosas.

—Y este pueblo es tan pequeño...

—Como esta sala de profesores.

—Qué sueño...

—Con que haya dos o tres padres que se quejen, ya veréis.

—Se va a liar...

—Con que solo se queje un padre...

—Y está lo del autobús, no os olvidéis...

—Los padres adoctrinan a los críos para que piensen igual que ellos.

—Y los compañeros le harán *bullying*.

—Ya se lo hacen. ¿No es lesbiana?

—De Lucía a Lucas solo cambia una letra.

—No, ¡cambian dos!

—¿Lo ves? Genera confusión.

Pausa.

—¿Qué autobús?

—¿Eh?

—Has dicho no sé qué de un autobús...

—¿Y se piensa hormonar?

—¿No ves las noticias? "Los niños tienen pene. Las niñas tienen vulva".

—¿Qué dices?

—¿Eso es una noticia?

—El bus ese, lleva escrita esa frase en grande a los lados.

—¿Los niños tienen pene y las niñas tienen vulva?

—"Que no te engañen".

—¿Quién?

—La frase dice eso: "Los niños tienen pene. Las niñas tienen vulva. Que no te engañen".

—Ah, ¿y sabéis si se va a operar?

—¿Y? ¿Qué pasa con esa frase?

—Pues eso, que se va a liar. Los padres imaginarán cosas raras.

—Ya lo hacen.

—Siempre.

—Pero... ¿quién compra este café?

—Ese bus es de los mismos que mandaron el manual aquel, ¿no?

—¿Mandaron un manual?

—Sí, uno contra el adoctrinamiento sexual en los colegios.

—¿Por qué no me entero nunca de nada?

—*¿Sabes lo que quieren enseñarle a tu hijo en el colegio?*

—Yo enseño hace años y aún no lo sé.

—Se titulaba así: *¿Sabes lo que quieren ense /*

—Ah, ¿los que nos acusaban de enseñar a sus hijos no sé qué...?

—De adoctrinarles en que hay niñas con pene y niños con vulva.

—Yo, no, ¿eh? Yo doy Matemáticas.

—Aquí de eso no tenemos.

—Sí, Lucas: un niño con vulva.

—Entonces se hormonará y se operará, ¿no?

—A mí todo esto me pilla mayor...

—A ver si el que no piensa eres tú...

—¿Yo? En estos años he visto de todo. Esto es un zoo.

—Aunque no lo creas, nuestros alumnos son seres humanos.

—Todavía no, ¿eh? Todavía no... Están en proceso y... les cuesta.

—Pues eso, en proceso: Lucía ahora es Lucas; en proceso.

—Hasta que no se hormone y se opere, no sé yo...

—A mí todo esto me pilla muy mayor ya...

—Yo cada vez que me la cruzo siento como un zumbido.

Pausa.

—¿Un qué?

—Un zumbido.

—¿A quién?

—¡Sí, sí, sí! Como un zuuuuum, ¿verdad?

—¿Un zumbido?

—¡Sí! A Luca, en clase, un... zuuummm. ¿Tú no?

—¡Lucas, se llama Lucas!

—Como si tuviese abejas dentro, ¿verdad?

—Sí, sí... Es como si Lucía /

—Lucas, ¡Lu... cas!

—Eso, como si ÉL fuera una abeja.

—Es perturbador.

Pausa.

—Qué sueño...

Pausa.

—¿No se disfrazó de abeja el Carnaval pasado?

—Igual decide ser una abeja la semana que viene.

—Igual mañana quiere que la llamemos Maya.

Los de las últimas réplicas ríen mientras canturrean la canción de la serie de dibujos animados. Silencio.

—Pero ¿vosotros os escucháis?
—Perdona, pasamos demasiadas horas aquí metidos.
—No nos tomemos las cosas tan en serio, por favor.
—Es el café, está horrible.
—Sinceramente, todo esto me pilla muy muy mayor...
—Yo tampoco entiendo nada.
—¡Es que no hay nada que entender!
—Hace un par de meses se suicidó un chaval trans en Barcelona.
—Hace dos años, fue hace dos años.

Pausa.

—Todo tiene una explicación biológica.
—¿El suicidio o el zumbido?
—No, lo de Lucía. Lo de Lu. Lo de Lucas.
—¿Biológica? ¿Qué dices?
—La transexualidad es un problema biológico.
—¿Un problema?
—Un trastorno. Puede ser diagnosticado y tratado.
—Tiene que operarse. ¿Lo veis?
—¡Como si Lucas se quiere sentir abeja! ¿Dónde está el trastorno?
—Hombre, si se siente abeja, igual...
—Yo he estudiado Biología y sé de qué hablo.
—Bueno, entonces... ¿Qué hacemos con... con Lucas?
—Nada. No hace falta hacer nada.
—No hace falta que hagamos nada.

Silencio tenso. Suena el timbre.

—Se va a liar...
—¿Alguien sabe la marca de este café? Está buenísimo...

El timbre deja de sonar. Un par de segundos después...

—¿Y con nosotros? ¿Sabéis qué vamos a hacer con nosotros?

El timbre vuelve a sonar y se convierte progresivamente en el zumbido de una abeja. Los profesores, ya dispersos por el espacio, se transforman en siluetas, en sombras, en humo y desaparecen.

3. ORÍGENES

6 de agosto de 2001. El zumbido pasa a ser el sonido ambiente
de un quirófano. La Madre (M) a punto de parir a Lucas.
La voz de Lucas no responde a ningún género concreto aún.

L.— El 6 de agosto de 2001
   fue una fecha clave
   en mi vida:
   nací yo.

   Pausa.

   Desde hace un par de días
   estamos en este quirófano.
   Los gritos de mi madre
   no me dejan dormir,
   pero yo paso de salir
   de este útero tan calentito.
   Por lo que he podido oír
   desde aquí,
   el exterior no pinta nada bien,
   así que mejor me quedo dentro
   para siempre...

M.— ¿Para siempre?
   ¡Ni hablar!
   Sal, hijo... ¡por favor!
   No puedo más. ¡Sal! ¡SAL!
   ¡La vida no me da más!

¡Sal de mí!
¡Saaaaaaaaaaal!

L.— ¿Quién me habla?
¿Quién perturba mi descanso?

M.— No te hagas el interesante.
¡Te habla tu madre! ¡Tu madre!

L.— Ah, no, no...
Técnicamente,
no eres mi madre aún.
Hasta que no salga,
no lo eres, eso es así.

M.— ¡Ah, me-explotas-la-existencia!
¡Me-subes-la-tensión-hijo!

L.— Pues que no te suba tan... to
que cuando a ti... te sube,
a mí... me ba... ja ...
Ay... teng... o la ten... sión
de un mu... ert... o...

Un monitor quirúrgico emite un pitido de alarma, aparece el Doctor (D) y lo desactiva.

D.— Señora, ¿cómo se encuentra?

La Madre grita de forma sostenida unos segundos.

(Mientras anota) Ajá, la entiendo...
Sacaremos a su criatura.

L.— ¡Yo no soy la criatura de nadie!

M.— Ay, no digas eso, hijo.
   ¡Y sal ahora mismo de mí!

D.— ¿Vas a salir por las buenas
   o te sacamos por las malas?

L.— ¡Entrad a buscarme!

D.— Saldrás sí o sí.

L.— ¡No pienso salir!

M.— Ay... Me baj... a la tens... ión
   de est... ar mu... ert... a...

L.— ¡Ah, me-sube-la-tensión
   de-explotarme-la-existencia!

D.— Lucía, ¿me oyes?
   ¡Soy el doctor!
   ¡Sal de esa placenta
   inmediatamente!

   Pausa.

M y L.— ¿Lucía?
   ¿Cómo que Lucía?

D.— ¿No es una niña?

M.— ¿Una niña?

D.— Ah, ¿quería un niño?

M.— A mí me da igual,
   pero el ginecólogo
   me dijo que era niño...
   ¿Tú qué eres, cariño?
   ¿Hijo o hija?

L.— ¡Y yo qué sé!
   Pero Lucía, como nombre,
   no me convence nada.

D.— Su marido nos ha dicho
   que pensaban llamarla así...

M.— ¡Pero si le dije que sería niño!
   ¿Este hombre dónde está
   cuando le hablo?

L.— Nadie sabrá nunca lo que soy...
   ¡No pienso salir de aquí!
   ¡No podréis conmigo!
   ¡No experimentaréis con mi persona!
   ¡Robots! ¡Humanoides! ¡Tiranos!

   Aparece un Señor (S) y observa en silencio sin ser visto.

D.— Delira, *el* pobre.
   Hay que sacar*la* ya.
   ¡Bisturí!
   ¡Tijeras!
   ¡Raaaaaaaassssshhhh!

   Luz cegadora.

L.— ¿Eso es una luz?
   ¡Veo la luz!

No quiero salir.
No quiero...
Nooo...

Rompe a llorar.

D.— ¡Es niña!

M.— ¡Hija mía!

S.— Pues sí, una niña.
Se ve muy claramente.
Los niños tienen pene
y este ser tiene vulva,
como su madre.
Por tanto, niña.
De cajón, vamos...
Niiii-ñaaaa.

Pausa. Todos miran al Señor y después cruzan miradas de extrañamiento.

M.— ¿Y este señor?

D.— Pues no lo sé...
¿Cómo ha entrado usted aquí?
Aquí no puede estar.
¡Fuera de mi quirófano!
¡Fuera! ¡Fuera!

S.— *(Yéndose en modo manifestante)*
¡Los niños tienen pene!
¡Las niñas tienen vulva!
¡Los niños tienen pene!
¡Las niñas tien...

Silencio.

L.— Si sabía yo que no debía salir...

Oscuro repentino.
El llanto de Lucas se transforma en sonido de timbre de instituto.

4. BIOLOGÍA

27 de marzo de 2017. Clase de Biología. Están el Profesor (Pr), el Alumnado (A), Lucas y...

Pr.— "Las chicas tienen vulva,
los chicos tienen pene.
Que no os engañen".
Bien... ¿Qué pensáis de esto?

L.— *(Alza la mano)* ¿Profesor?

Pr.— Dime, Lucas.

L.— ¿Hoy no íbamos a hablar de flores?

Pr.— Después, después...
Ahora es más importante
que hablemos sobre esto:
sexo y género,
¿son dos cosas diferentes?
¿Qué pensáis?

A.— ¿Y por qué no lo explica usted?
—Es el profe de Biología, ¿no?
—¿No lo sabe?

Risas.

L.— *(Alza la mano)* Mejor hablamos de las flores, ¿no?

Pr.— Espera, Lucas.
  Yo ya sé la diferencia,
  ¿alguien más la sabe?

  Pausa. De repente, comienzan a contestar varios alumnos y alumnas. Al fondo del aula permanece medio escondido el Señor de la escena anterior.

A.— El sexo es fisiológico.
  —Lo que tenemos entre las piernas.
  —El pene, el falo, la polla, el pajarito...
  —La vagina, el conejo, el chocho, el coño...
  —La manguera, la verga, el pirulín, la pija...
  —El chichi, el papo, la vulva, el toto...

Pr.— Muy bien,
  queda claro.

  Risas.

A.— Tiene muchos nombres.
  —Pero solo son dos.
  —Por eso el sexo es binario.
  —Pero no siempre.

S.— ¿Cómo que no?

A.— Está la intersexualidad.
  —Y la genética dice que /

S.— ¿La genética?

A.— Sí, los estudios genéticos dicen que /
  —se puede tener cromosomas masculinos /
  —y desarrollar un sexo femenino /
  —o al revés.

S.— Uy, sí, claro, ya...
¡Y ahora diréis que el género existe!

A.— Es una construcción social /
—y cultural.
—Nada que ver con el sexo.
—¿Y lo de la neurociencia?
—¿Qué?
—Hay partes del cerebro
que pueden influir, ¿no?
—¿En lo del género?
—No está demostrado.
—Bueno, resumo:
en las personas cisgénero el /

S.— ¿Cis? ¿Qué cis? *(Ríe)*

A.— En las personas cisgénero,
—el sexo y el género coinciden /
—y en las transgénero, no.
—Como le pasa /
—a Lucas.

Silencio.

S.— *(Al profesor)* Y usted...
está de acuerdo con todo esto, ¿no?

PR.— Yo solo estoy sorprendido.

S.— ¡Yo, no!
¡Qué vergüenza!
¡De buena mañana,
adoctrinando a nuestros hijos!
¡Y encima se hace el sorprendido!

PR.— Yo estoy sorprendido
porque no sé qué hace usted aquí.
¿Este señor es el padre de alguno de vosotros?

El Alumnado niega. El Señor camina muy alterado por el aula, acercándose al Profesor con gesto amenazante. Lucas se tapa el rostro, resignado.

S.— No me hace falta ser el padre de nadie
para denunciar que este instituto
apesta a ¡I-DEO-LO-GÍ-A DE GÉ-NE-RO!

PR.— A ver, yo solo he preguntado y ellos /

S.— Ya, claro, solo ha preguntado,
solo ha preguntado...
¡Pregúnteme a mí, si se atreve!
A un adulto no le pregunta, ¿eh?

Cara a cara. Tensión.

PR.— ¿Cuál es la diferencia entre /

S.— ¡No hay diferencia!
¡El género no existe! ¡Es un invento!
La transexualidad es una enfermedad.
La homosexualidad es una enfermedad.
¡Hay que tratarlas por igual!

PR.— ¿Y todo eso es cuestión de fe
o tiene alguna base científica?

S.— La ciencia está vendida
a la i-deo-lo-gí-a de gé-ne-ro.

PR.— ¿Y la fe?

La tensión aumenta, están nariz con nariz.

A.— ¿Profesor?

PR.— ¿Sí, Marta?

A.— Usted es gay, ¿no?

PR.— Sí, Marta.

El Señor se aparta como si el aliento del Profesor apestara.

S.— ¡Lo que faltaba! ¡El *lobby* gay!

L.— *(Alza la mano)* ¿Profesor?

PR.— ¿Qué quieres ahora, Lucía?

Pausa tensa.

Disculpa... Lucas.
¿Quieres añadir algo?

L.— ¿Podemos hablar ya de las flores?

PR.— ¿No tienes nada que decir?

L.— ¿Sobre las flores?

PR.— No. Sobre este debate.

L.— ¿Debate? ¿Qué debate?
Mis compañeros científicos,
usted y este señor
ya lo han dicho todo.

Pausa.

PR.— Ya, disculpa...

L.— Deje de disculparse...

PR.— Perdona, ¿podrías salir
a darnos tu opinión?

S.— Eso, eso...
Que salga y nos ilumine.

L.— Yo es que no...

PR.— Por favor...

Lucas se levanta de mala gana.

L.— Bueno, pues..., yo...,
me siento muy bien...
cuando paseo
con mi perra
por el campo.
Porque donde vivo,
abres la puerta y, ¡pam!,
ya estás en el campo.
Y eso es una maravilla.
Y mientras paseo,
me gusta mucho cantar.
Y canto a grito pelao, ¡así!

Se pone sus auriculares. Camina por el aula cantando algún tema de la banda sonora de "The Rocky Horror Picture Show". De repente, se detiene, deja de cantar y se quita los auriculares. Silencio. Observa extrañado a los presentes.

Todo esto es una simulación, ¿verdad?
Lo sé desde pequeño.

Todo lo que me rodea es mentira:
familiares, profesores, amigos...
Todos son humanoides, *aliens*, robots...
Y en este mundo
solo tienen un objetivo:
un adolescente,
investigar su comportamiento,
investigarme a mí.
Por eso
me suspenden exámenes,
para analizar mi reacción.
Y si saco una buena nota,
es por lo mismo:
para ponerme a prueba.
Y sea la nota que sea,
da igual,
sé que soy el mismo inútil.
¡Siempre el mismo inútil!
Así construí mi autoestima
inexistente.
Da igual que me pasen
cosas buenas o malas,
siempre son experimentos emocionales,
quieren estudiar cómo reacciono.
El fin de mi vida es ese:
soy un experimento,
una rata de laboratorio.
Quieren saber cómo funciona
mi cerebro y mi cuerpo,
cómo se desarrolla,
desde que nací.
¿No os ha pasado nunca?
¿Nunca lo habéis pensado?

Pausa.

Ya, no...
No lo habéis pensado.
Yo me miraba en el espejo
del armario de mi habitación
y pensaba que detrás,
al otro lado del espejo,
había una cámara.
Si abría la puerta,
era imposible
que allí hubiese una cámara,
pero para mí
estaba ahí, escondida.
Por eso dejé de mirarme en el espejo.
Por eso y por más cosas...
Si pasaba por delante,
me tapaba la cara
y cerraba los ojos.
Esa cámara lo grababa todo:
si me aburría,
si me divertía,
si hablaba o no con mis muñecos,
si me ponía como una vaca.
Y claro,
como todo el mundo me vigilaba
yo no podía hablarlo con nadie,
ni con mi madre...
Me habría delatado
y todo el mundo hubiese sabido
que lo había descubierto.
Y como todos eran cómplices
–los robots, los *aliens*, los humanoides–,
me matarían o algo...
Por eso no podía hablar con nadie.
Por eso me sentía tan solo.

Pausa.

Y eso que, por entonces,
aún tenía algún amigo,
pero me sentía solo.
Todo esto
tampoco os ha pasado, ¿no?

Pausa. Se pone de nuevo los auriculares y su música trasciende al ambiente.

Entonces
empezaron mis paseos
por el campo.
Me iba con mi perra
y se lo contaba todo a ella:
mis paranoias,
mis sentimientos,
mis canciones favoritas...
Le llenaba la cabeza
con mis dramas.
Mi perra es lesbiana,
solo le interesan otras perras.
Y ningún perro macho se le acerca
para decirle ni explicarle
el funcionamiento
de su cerebro de perra.
Ningún macho le reprocha
cómo ama
o si rechaza o no rechaza su sexo,
o su preferencia sexual; nada.
Nadie la vigila tras los espejos...

Se quita los auriculares y cesa la música. Lucas mira en silencio a sus compañeros.

¿Por qué habéis dejado
de seguirme en Instagram
desde que dije que soy trans?
¿De qué sirve saberse la teoría
del sexo, el género y todo eso,
si después la práctica la lleváis fatal?
Si mañana se me va la cabeza
y hago una locura,
que no la pienso hacer,
diréis que eráis mis colegas.
Y este señor...
Este señor
no sé ni qué hace aquí.

    Pausa.

A los árboles,
a las plantas
y a las flores
les parecen bien
mis paseos,
mis canciones,
y me aplauden
con sus hojas
al pasar.
Son mi espejo.
En el campo,
me siento naturaleza.
Allí todo es real,
no hay simulacros
ni mentiras.
Nadie vigila mi cuerpo,
nadie estudia mi cerebro.
¡Y me siento bien!
Me siento como una abeja.

Pausa.

Por eso,
hoy habría preferido
hacer mi exposición
sobre las flores...

El Alumnado se levanta y mira al Señor. Este se marcha en silencio, disimulando, como si no hubiera existido. El Profesor se acerca a Lucas.

PR.— ¿Cuándo empiezas la transición?

L.— Pues...
  quería tatuarme algo aquí,
  de alguna peli viejuna:
  Dentro del laberinto,
  El secreto de la pirámide,
  La princesa prometida...
  Pero creo que al final
  me tatuaré una abeja,
  una abeja salvaje.
  Me la haré aquí,
  bien grande.
  Para que nadie se extrañe
  de mi zumbido.
  ¿Qué le parece, profesor?
  ¿Me tatúo una abeja salvaje?
  ¿Le parece una buena transición?

El Profesor sonríe. Luz potente que transforma en siluetas negras los cuerpos. Mientras se escucha el sonido de un enjambre, el Alumnado se dispersa. Las siluetas del Profesor y de Lucas, detenidas frente a frente, se disuelven lentamente en el oscuro.

5. PSICOLOGÍA

30 de marzo de 2017. La luz se intensifica lentamente. Baño de chicas de un instituto, durante el horario lectivo matinal. Lucas no deja de moverse de un lado a otro mientras actualiza el móvil. Su amiga Claudia (C), sentada en los lavabos y con su móvil en la mano, lo observa y se va poniendo nerviosa hasta que estalla.

C.— ¿Te estarás quieto?
   ¡No me dejas concentrarme!

L.— Claudia, ¡no puedo!
   ¿Crees que la aprobarán hoy?

C.— *(Segura)* ¡Pues claro!
   (Pausa) Bueno, igual no.

L.— ¡Hazme el test!

C.— ¿Ahora...?

L.— ¡Sí! ¡Házmelo!
   No la van a aprobar, ya verás.
   Cuanto antes practique, mejor.

C.— Ok, ok... pero si empiezas
   la transición /

L.— Claudia, la transición
   la empecé hace años...

C.— Sí, ya, por dentro,
   pero ¿por fuera?

L.— ¿La testosterona?

C.— Sí, oye...

L.— ¿Qué?

C.— Cuando tengas,
   ¿me pasarás?

L.— ¿Para qué?

C.— Dicen que se te va la regla.
   ¡Estoy hasta el coño de la regla!
   ¡Pásame solo un poco!

   Pausa.

L.— Claudia, hazme el test, *please*...

   Claudia busca algo en el móvil y lee.

C.— "Me gusta recoger flores".

L.— ¿Eh?

C.— ¿Verdadero o falso?

L.— Verdadero, ya lo sabes. Yo amo las /

C.— ¡Mec! Tienes que decir "falso".

L.— ¿Por qué? ¡Si es verdad!

C.— ¿Quieres conseguir el certificado
para hormonarte o no?
¡Pues contesta como un macho!

L.— ¿Y a los machos no les gustan las flores?

C.— ¡Pues no! ¡Claro que no!

L.— ¡Ah, por eso se las regalan a las tías!

C.— Va, idiota, que es fácil:
"Me gusta mucho la caza".

L.— Falso.

C.— ¡Mec! ¡Mec!

L.— ¡Ay, no, no! ¡Que me encanta!
¿La caza? *I'm in love!* ¡Verdadero!
Deseo matar animales, ¡siempre!
Me excita matar conejos...
jabalíes y patos,
ciervos y zorros,
leones,
elefantes,
¿jirafas...?

Pausa.

¿Mejor?

C.— Tampoco te pases, machote...

L.— ¿No hay preguntas más fáciles?

C.— Otra: "Me gusta leer novelas de amor".

L.— Lo pillo: ¡No!

C.— No, ¿qué?

L.— ¡Falso! ¡Falso!

C.— Ah, bien. "Me gustan las revistas de mecánica".

L.— ¡Son mi lectura favorita por la noche!
Y en las clases de Educación Vial del cole,
conducía los karts como un psicópata asesino.

C.— ¿Eso es cierto?

L.— Sí, perdón, no:
¡Verdadero! ¡Verdadero!

C.— Pues eso... está muy bien.

L.— Sí, ¿no? Gracias.

C.— "Me gustaría ser militar".

Pausa.

¿Qué? ¿Qué pasa?

L.— ¿Es una pregunta trampa?
Hay mujeres soldado, ¿no?

C.— No sé. Yo no he inventado este test.

L.— No, ya...
Quien lo inventó

habitó este mundo
hace 225 millones de años.

C.— Si quieres el certificado,
no te servirá de nada el cinismo.
En "Me gustaría ser militar",
tu sueño debería ser
llegar a legionario,
¡como mínimo!

L.— ¿Eso no es pasarse de machote?

C.— O paraca...

L.— No me gusta este test.

C.— ¡Mec! ¡Mec! ¡Mec!

L.— Como no aprueben hoy la ley,
lo tengo crudo.
¿Qué son? ¿Dos años?

C.— ¿De terapia? Dos, sí.

Lucas vuelve a mirar el móvil y camina agitado por el espacio poniendo de nuevo nerviosa a Claudia, que lo frena con nuevas preguntas.

"De pequeño, ¿a qué jugabas?".

Lucas se detiene y la mira mal.

¿Qué? Te lo van a preguntar.

L.— ...

C.— No te lo pienses tanto...

L.— Pues... me gustaba cantar,
tenía una guitarra de plástico
con un micro...

C.— Dos objetos fálicos.
Bien, vas bien...

L.— ¿Sí? ¡Y montaba mis propios *shows*!

*Lucas agarra su móvil como si fuera un micro y se viene arriba.
Canta y baila bastante bien.*

C.— Ejem... ¡Ejem!

L.— *(Se detiene)* ¡Eran *shows* muy masculinos!

C.— Ya, bueno...

L.— Oye, cuando jugábamos
a mamás y papás...
¡Yo hacía de papá!

C.— ¿Y en médicos y enfermeras?

L.— De médico. Siempre.

C.— ¡Muy bien!

L.— Y tenía muchos Playmobil.
Y peluches.
Y...

C.— Espera, espera, espera...
¿Qué tipo de peluches?

L.— Una oveja.

C.— Ajá. Podría servir...

L.— Y una Bambi que /

C.— ¿Una Bambi?
    ¡Era chico!

L.— ¡Tú qué sabrás!
    ¡Tenía una Bambi
    porque me gusta cazar!

C.— Buen intento, pero no cuela, guapo.

L.— ¡Iba a kárate!

C.— ¡Ah, genial!

L.— El profesor me humillaba.

C.— Vaya, lo siento... ¿Y fútbol?

L.— También jugaba,
    pero es que no puedo
    con los deportes competitivos.

C.— Sí que puedes, sí...

L.— Que no.

C.— ¡Que sí!
    Pero... ¿tú quieres el certificado o no?

L.— Me encanta el fútbol un montón,
    y competir y cazar y... bailar.

C.— ¿El baile? Uhm...
¿Qué tipo de baile?
¿Eso que has hecho antes?

L.— Funky. En clase éramos todo tías.

C.— ¡Eso no lo digas!

L.— Y luego hice baile urbano.

C.— ¿Break dance?

L.— (Baila) ¡No! Bailábamos *Lady Marmalade*.

C.— ¡Eso no es baile urbano!

L.— ¡Sí lo es! Las clases eran en la calle.
¡Y me encantaban las Barbies!
¡Todavía me gustan!

C.— ¡Ah!

L.— ¡Y las Polly Pockets!

C.— ¡Ay!

L.— ¡Y jugaba a la comba!
¡Y a la goma!
¡Y ahora me pondría una falda!
¡Y me pintaría las uñas!
¿Y qué pasa? ¿Eh? ¿Qué?

Lucas deja de bailar, sonríe. Claudia se da por vencida. Pausa.

C.— Como digas todo eso,
   nos podemos olvidar
   de la testosterona...

L.— ¡Las hormonas son para mí!

C.— ¡Egoísta!

L.— ¿Nos meten el rollo
   de los juguetes sexistas
   y después...
   hacen estos test?
   ¡Si yo jugaba con todo!
   Debería poder decir la verdad,
   toda la verdad
   y nada más que la verdad.

C.— Supongo que debes demostrar
   que desde siempre
   quisiste ser un hombre.

L.— Yo no quería ser un hombre.

C.— ¿Perdona?

L.— No.
   Hay otros que sí,
   que lo saben desde muy pequeños.
   Yo, no.
   Yo no sabía qué era
   ni qué quería ser.

C.— Lucas, no puedes decirle al psicólogo
   que te gustaban las muñecas...

Y menos esas,
son espantosas.

L.— Claudia, yo tenía la habitación
pintada de rosa,
mi madre me vestía
con modelitos preciosos,
rosas,
tenía el pelo largo
y llevaba lacitos y bragas,
rosas,
me regalaban cosas "de chicas".
Y a mí me gustaba jugar
y me daba igual con qué.
¿Lo entiendes?
¡Yo solo quería jugar!
Y quizá, sí,
me estaba buscando,
o encontrando,
o... ¡Yo qué sé!

C.— ¡Mec! ¡Mec! ¡Mec! ¡Mec! ¡Mec!

   Silencio.

L.— Las muñecas me hacían mucha compañía.

C.— Ya. Y a mí...

   Silencio.

"Me gustan más las historias
de aventuras que las románticas".

L.— ¿De verdad? Puf, paso...

C.— Ojalá hoy aprueben la ley trans
    porque ni de coña
    pasarías la prueba psicológica esa.

L.— Es que no entiendo cómo a eso
    lo llaman "test psicológico".
    He hecho test más serios
    en revistas pop.

C.— ¿Revistas... pop?

L.— ¡Sí, revistas "de chicas"!

C.— Madre mía...

L.— ¿Te imaginas dos años de terapia
    hasta que haga bien el test?

C.— En internet hay casos
    que en dos meses
    ya tenían el certificado.

L.— ¡Dos meses contando mentiras!

C.— ¿Qué te cuesta?
    ¡Como si no hubieras mentido nunca!

L.— ¡Dos meses contándole
    mi vida a un desconocido!

C.— ¡Llevas años con tu psicóloga!

L.— ¡Por eso! ¡Ya es una conocida!

C.— ¡Cuelgas cosas íntimas
   para un montón de desconocidos
   en tu Instagram!

L.— ¡Ahí me lo invento todo!

C.— ¡Ves como cuentas mentiras!

L.— ¡No quiero un diagnóstico!

   Silencio.

No quiero más diagnósticos.
Ya tengo bastantes...
Mis ataques de ansiedad
son por el rechazo
que siento cada día.
Y eso que me resbala bastante
lo que digan o piensen de mí.
Por eso deberían ser ellos
los que fueran al psicólogo,
¡no yo!
Son los que no me aceptan,
los que me "enferman",
los que deberían hacer el test.
Ser trans no es una enfermedad.
¡Yo no estoy enfermo!
No tengo que demostrar
que estoy enfermo
cuando no lo estoy.

C.— Pues tendrás que decir
   alguna mentira
   si quieres que tengamos hormonas...

L.— ¡Que no te voy a dar mi testosterona, pesada!

C.— Qué fuerte, qué fuerte...
   Con todo lo que he hecho por ti...

L.— Si se aprueba la ley hoy,
   no hará falta pasar
   por toda esta feria.
   Iré al endocrino,
   me hará un par de preguntas,
   verá lo que es obvio
   y me recetará las hormonas.
   ¡Y el mundo seguirá girando!
   ¡Y la tierra no se abrirá!
   ¡Y el infierno no nos quemará!

   Silencio. Ahora no mueven un dedo. La mirada perdida.

   ¿Y me seguirás queriendo?

C.— ¿Qué?

L.— Cuando me salga vello
   en estos enormes pechos,
   ¿me seguirás queriendo?

C.— Como si te salen algas...

L.— Mi espalda parecerá
   un armario ropero.

C.— Pero si ya la tienes
   de nadador olímpico.

L.— Se me marcará la mandíbula
y me saldrá barba.

C.— Anunciarás perfumes
de machos en Navidad.

L.— Dejaré de tener caderas...

C.— ¿Y cartucheras?

L.— No, tía. Eso es para siempre ...

C.— Bueno, tampoco es para tanto...
Lo de la voz debe de ser *heavy*, ¿no?

L.— Sonará más grave.

C.— Y ya no cantarás igual...

L.— Pero cantaré más feliz...
¿Sabes que con la testosterona
te pega un subidón de libido?

C.— ¿Eso es verdad?
¿Por eso los tíos están tan salidos?
¡Me interesa!

L.— Tú tienes libido de sobra...

C.— Oye, perdona,
que mis enemigas
escriban aquí mi nombre
junto al de un animal
de cola peluda
no quiere decir que sea una...

L.— "Zorra", puedes decirlo.
   Aquí pone:
   "Claudia es una zorra".

C.— ¡Porque creo en el poliamor!
   ¡Y en la anarquía relacional!
   ¡Soy una mujer libre!
   Hay muchos tíos
   que hacen cosas peores
   y nadie les dice nada...

L.— Tú, ni caso.
   Además, las zorras son preciosas,
   pero cuando sea supermasculino,
   ni se te ocurra tirarme los tejos, ¿eh?

   De repente, Claudia abraza a Lucas.

C.— Te echaré tanto de menos.

L.— Pero si nos vamos a ver igual...

C.— Te echaré de menos aquí,
   en el baño de las tías.

L.— Te dejaré entrar en el de los tíos.

C.— ¿De verdad me vas a dejar
   por unos baños que huelen
   a orina fermentada,
   a fiambre y a pan mojado?

L.— Sí.

C.— ¿Me dejas por un antro
  sin puertas
  ni tapas en los váteres,
  sin papel higiénico
  ni escobillas,
  sin jabón,
  con el suelo y las paredes
  pegajosas de escupitajos?

  Pausa.

L.— ¿Y tú cómo lo conoces tan bien?

C.— *(Se separa)* Me lo imagino.
  Bueno... Una vez entré en uno,
  pero solo un poco.
  ¡Aquí se está mucho mejor!
  En horas de clase
  es el lugar más tranquilo
  del mundo,
  y sin ti
  no será lo mismo.
  (Pausa) ¿Volvemos o qué?

L.— No, paso, no aguanto al de Lengua.

C.— Ni él te aguanta a ti.

L y C.— Tampoco nos echará de menos.

  Ríen. Claudia mira a su alrededor.

C.— La verdad es que este baño
  también da un poco de asquete...

Silencio. Se escucha la llegada de un aviso simultáneo a sus móviles. Lucas y Claudia los sacan al mismo tiempo, los encienden al mismo tiempo, abren los ojos y la boca al mismo tiempo, gritan y celebran lo que sea con saltitos y gestos igualmente sincronizados.

L y C.— ¡La han aprobado!
  ¡La ley trans!
  ¡Viva Valencia!
  ¡La ha aprobado!

De repente, se abre la puerta de uno de los baños interiores y aparece el Señor con un gesto melodramático, excesivo.

S.— ¡¡¡NOOOOOOOO!!!

El Señor se marcha a toda prisa haciendo aspavientos con los brazos. Lucas y Claudia se miran sin saber cómo reaccionar. Inmediatamente, se ponen a bailar "Lady Marmalade" mientras la cantan. Entonces aparece un Chico (Ch) en el umbral de la puerta, lleva una mochila al hombro. Lucas y Claudia lo ven y se detienen. Silencio.

CH.— ¿Qué hacéis?

L.— Nada.

C.— No, ¿qué haces tú aquí?
  Este es el baño de las chicas.

CH.— Ya.
  Por eso no entro.
  Estoy aquí, en la frontera.
  ¿Y él?
  Él tampoco es una chica, ¿no?

L.— ¿Qué llevas en la mochila?

CH.— ¿Por qué?

L.— Se mueve algo dentro.

CH.— Ah, sí. Un gazapo.

C.— ¿Un qué?

CH.— Un conejo bebé.

L.— ¿Un conejo? ¿Aquí?

CH.— Sí, lo he encontrado de camino.
    Estaba en unas viñas.

C.— ¿Y por qué lo has cogido?

CH.— Está enfermo.

L.— ¿Enfermo?

C.— ¿Y qué piensas hacer?

CH.— Matarlo.
    Hay que matarlo.
    Ahora, en la pista de baloncesto,
    le abriré el cuello con la navaja.
    Mi padre dice que,
    cuando están enfermos,
    hay que sacrificarlos.
    Por compasión.

L.— ¿Sacrificarlo?

CH.— Sí, para que no sufra.

Suena el timbre.

Si queréis,
podéis venir a verlo.

Lucas y Claudia niegan a la vez fingiendo agradecimiento. El Chico hace un gesto de decepción y se va.

L.— ¿Ves por qué no quiero
que nadie piense
que estoy enfermo?

Oscuro.

Segunda parte
2018-2020

6. TRANSICIONES

Finales de 2018. Lucas está dentro de un váter individual del gimnasio del instituto, en el vestuario de los chicos. Se hace visible de forma intermitente mientras adopta diferentes posturas en equilibrio. Su voz ha cambiado por completo, ahora es más grave. Ya no viste ropa ancha y oscura. Y en el pecho lleva un binder.

L.— ¿Ya existo?

Pausa. Oscuro.

No.
No lo sé.
Quizá soy y no soy
al mismo tiempo.

Luz.

Finales de 2018.
Desde abril,
me pincho testosterona.
Me siento un bebé
que explora un mundo desconocido,
con esta nueva voz,
ronca y rugosa.
Un bebé con un clítoris enorme
y una libido enloquecida,
que se arrancaría de cuajo
estos pechos peludos.

Pausa. Oscuro. Luz.

Dicho así,
suena monstruoso,
pero si tuviera fans en Instagram
fliparían con todos mis cambios.
En realidad...
¡Tengo la autoestima a *full*!
¡A *fuuuuuuuuuuuuuuuuuull*!

Pausa. Oscuro. Luz.

Hoy no.
HOY ME ENCUENTRO COMO EL CULO.
Ayer fui a la piscina
a la hora punta.
Y me puse tan nervioso
que me escondí en los vestuarios.
Y bajo la ducha,
escondido,
pensé:
"Todavía no me creo
que este cuerpo sea mío".
No podía dejar de mirarlo.
No podía dejar de acariciarlo.
"Eres mi cuerpo –le decía–.
Eres mío.
Mi cuerpo.
Mío".
Pero todavía no soporto
que lo miren,
que lo juzguen,
que lo humillen.

Pausa. Oscuro. Luz.

Ahora estoy en el instituto,
escondido en un váter
del vestuario de los tíos.
Empiezo a acostumbrarme
al hedor de estos baños,
pero no al temor
a que se abra la puerta
y me vean
haciendo equilibrios para evitar
que mis nalgas rocen este nido
de bacterias infectas
que ellos llaman
"inodoro".

Pausa. Oscuro. Luz.

Los tíos se empiezan a acostumbrar
a mi presencia
en sus territorios,
esos que marcan con sus meados.
Territorios que ahora
también son míos,
¡como mi cuerpo!
Me aceptan en silencio,
pero sé de qué hablan
cuando no estoy,
cuando no me ven...
Desde mi escondite,
los puedo escuchar.

Ra y Sa se están acabando de cambiar después de la clase de Edu-
cación Física.

RA.— ¿Y a ti te parece bien?

SA.— A mí me da igual.

RA.— ¿No te molesta?

SA.— ¿Qué?

RA.— Ese zumbido que emite.

SA.— ¿El zumbido?
   A ver... es raro.

RA.— ¡Y tan raro!

SA.— No, digo que es raro
   que te moleste,
   que oigas un zumbido.

RA.— Y *ella* está tan feliz...

SA.— Pues yo me alegro por *él*.

RA.— Tío, se hace selfis aquí
   con sudadera y tacones.

SA.— A mí me parece divertido.

RA.— A mí, un pervertido.

SA.— Pervertido es fotografiarse
   con conejos muertos
   como tu colega.

RA.— Eso es normal.
   ¡Es cazador!

Pausa.

SA.— ¿Sabías que en la Prehistoria
las mujeres también cazaban?

RA.— ¿Y eso a qué viene?

SA.— Cultura general.
También pintaban en las cuevas.

RA.— ¿Ahora eres *feminazi* o qué?

SA.— Pero ¿qué dices?

RA.— ¡Es que no sé qué te he hecho!

SA.— ¿A mí? Tú, nada.
¿Y Lucas a ti?

RA.— ¿Te gusta ese marica?

SA.— Claro que me gusta.

RA.— ¡Lo sabía!

SA.— Me gusta más que tú.

> *Lucas sonríe y sale del váter individual. No hay nadie, solo su reflejo en el espejo del baño. Se mira mientras la luz viene y va. Finalmente, se va.*
> *Oscuro sostenido.*

L.— No soporto la oscuridad.
No puedo vivir
en la oscuridad.

Soy un bosque,
necesito luz.

Pausa.

¡Luz!

Luz sostenida. Lucas va cambiándose de ropa con prendas de lo más variopinto. Luce peinados de estilos y colores diferentes, incluso con prendidos de flores. Su aspecto huye progresivamente de la discreción y de un canon definido.

Nunca entenderé
la defensa que algunos hacen
de su masculinidad.

Claudia sale de un váter individual.

C.— ¿Y la que tú haces de la tuya?

L.— Claudia, ¡qué susto!
¿Qué haces aquí?

C.— ¿Qué importa?
(Inspecciona el lugar)
Vaya, vaya, vaya...
Así que ahora...
¿estos son tus vestuarios?
Tu nuevo hogar...

Lucas se cuelga un bolso al hombro. Aparece un joven Machote (Ma).

Eh, ¿qué pasa?

MA.— ¡Eh, tú!
¡El del bolso! ¡El del bolso!

C.— Uy, ¿y el vestuario?
   ¿Qué hacemos ahora en la calle?

L.— Porque todo esto
   en parte lo imagino yo
   y porque no sé qué hacías
   en el vestuario de los chicos,
   Claudia...

C.— "Si todos los vestuarios
   fuesen mixtos,
   seríamos todos
   mejores personas".
   ¡Esto lo dijiste tú!

L.— ¡Cuando lo sean!

Ma.— ¡Eh, tú!
   ¿No me oyes? ¡Maricón!

C.— ¿Y ese qué quiere?
   ¿Le doy un sopapo?

L.— No. No.
   Tú, ni caso...
   Tía, ¿tú crees
   que genero violencia?

C.— ¿Tú? ¿Violencia? *(Ríe)*

L.— Desde que soy visible,
   siento que provoco
   más violencia a mi alrededor.

C.— ¡No digas tontadas!
   ¡El que provoca es él!

MA.— ¡Yuhuuuu, mariquitaaaa!

C.— ¿Le puedo dar ya?

L.— ¿Lo ves?
Perturbo la paz.
Provoco conflictos,
enfrentamientos,
divisiones...

C.— ¡Y yo! ¡Y todos!
Tú me aportas
generosidad,
diversidad,
diversión,
amor...

MA.— ¡Maricón!
¿Qué pasa? ¿No dices nada?

C.— ¡Uf! ¡Basta!

L.— ¿Dónde vas?

C.— Suelta, Lucas.
¡Le voy a dar una leche
condensada!

L.— ¿Lo ves? ¿Lo ves?
Provoco agresividad.
Estaba mejor
dentro de mis armarios.

C.— ¡Sí, claro!
Al imbécil ese

es al que habría
que encerrar
en un armario,
pero antes...
¿Me vas a soltar?

Ma.— ¡Maricón! ¡Maricón!
¡Maricón! ¡Maricón! ¡Mari /

L.— ¡Gracias!

Silencio.

¡Muchas gracias!

Ma.— ¿Gracias de qué, mariconazo?

L.— Llevo tiempo superrayado:
algo me pasa, algo me pasa
aquí, en el cuerpo...
y aquí, en la cabeza...
¿Qué será?
¡Y resulta que era eso, macho!
¡Que soy maricón! ¡Maricón!
¡Gracias, tío! ¡He visto la luz!
¡Soy maricón! ¡Por fin lo sé!
De verdad, ¡muchas gracias!
¡Ya sé lo que soy! ¡Ya lo sé!
¡Por fin sé qué soy!

Canta y baila como si celebrara un triunfo del equipo de un deporte competitivo. Claudia no tarda en unirse al canto y al baile.

¡Yo soy maricón, maricón, maricón!
¡Yo soy maricón, maricón, maricón!

Se detienen y se ríen. Silencio. Lucas se desprende del bolso y vuelven al vestuario.

C.— Ese ya no molestará más.

L.— Nadie puede hacerme más daño
del que yo mismo me hago.
A veces, me miro en el espejo
y veo a un gordo, más que gordo.
Y me digo cosas horribles
y pienso otras peores.
No necesito a nadie
para insultarme,
para humillarme.
Y en verano soy mil veces más cruel.
Sé hacerme daño yo solito.
Sé no pegar ojo por las noches.
Sé llorar sin motivo días enteros.
Sé ver danzas rusas en YouTube
a las seis menos veinte de la mañana...
Que alguien me explique
lo que me pasa.

C.— Pues te pasa "ansiedad",
como a todo el mundo.
Algunas hemos nacido con ella.
Es el capitalismo, amigo.
Uy, ¿hemos vuelto al vestuario?

L.— Sí.

C.— Genial, voy a mear.

L.— Apunta dentro.

Claudia sonríe, se mete en el váter individual y cierra la puerta. Acto seguido, suelta un grito desgarrador y protesta del asco que le da el inodoro sucio. Entonces se abre la puerta de entrada al vestuario y entra la Madre.

M.— ¡Lo he visto todo! ¡En la calle!
    ¡Hace un minuto! ¡Todo!
    ¡Que pasen estas cosas en 2019!
    ¿Qué problema tiene la gente
    con que un chico lleve bolso?

L.— El mismo que si me ve con falda,
    con las uñas pintadas o con tacones.

M.— Hijo...
    Yo hay algo que no entiendo.
    ¿Para qué te has hecho trans
    si sigues poniéndote pendientes y falda?

L.— Yo no me he hecho nada,
    mamá.

M.— Tú ya me entiendes.
    (Pausa)
    ¡Contesta a tu madre!

L.— La respuesta es:
    ¿y por qué no?

M.— ¿Por qué no? ¿Qué?

L.— Explorar todo lo que podríamos ser.
    No quedarnos en una única identidad.
    No dejar de fluir y fluir...

A veces, ¿no tienes la sensación
de que por dentro eres una multitud?

M.— Uf, calla, calla...
Bastante tengo conmigo sola.

L.— ¡Pues lo somos! ¡Somos multitud!
Si pudiésemos ser todos los otros
sabríamos mejor quiénes somos.

M.— Ah... ¿Y tú ya lo sabes?

L.— Solo en la tumba
sabremos quiénes fuimos.

M.— ¡Ay, el trans-cendencias!
Bueno, entonces, ¿qué?

L.— ¿Qué de qué?

M.— Al final, ¿te quitarás las tetas?

L.— Esa es la idea, solo las tetas.

M.— Pero si son preciosas...

L.— ¡Estoy harto de llevar *binder*!
Me siento una morcilla.
El resto se quedará igual.

M.— ¡Mi herencia más valiosa!
¡Cuántas querrían esas tetas!

L.— Sin ellas,
podré vestir más no-binario.

Y no tendré pánico
a que me noten el pecho
y piensen que soy una mujer.
¿Qué te gusta más de tu cuerpo?

M.— No sé, los pechos.

L.— A mí me gustan
las partes sin género:
los labios, los ojos, la nariz...

M.— Ah, ¿sí?
¿Sin género?
(Pausa)
Te he traído una cosita...

La Madre saca una caja de cartón cuadrada con precinto.

L.— ¿Qué es?

M.— Un regalo, ábrelo.
Si no te gusta,
se puede cambiar...

Lucas coge la caja. Tiene una etiqueta blanca con una dirección y un código de barras. Lee en perfecto inglés.

L.— "28 Kallang Place
#03-07, 339158, Singapur".
No pesa nada, ¿qué es?

M.— Ay, no sé... *(Ríe bajito)*

Lucas la abre ayudándose de sus uñas de colores. Deja la caja en el suelo y saca una bolsa. Mira el interior.

L.— ¿Preservativos y gel lubricante?
   Mamá, ya tomo precauciones...

M.— La otra bolsa,
   la grande, la grande... *(Ríe nerviosa)*

   Lucas saca otra bolsa y extrae una prótesis hueca de silicona color marrón claro, con detalles venosos, pliegues, arrugas y unos testículos esponjosos.

L.— ¿Un... pene?

M.— *(Ilusionada)* ¡Sí!
   ¡De silicona de la buena!
   ¿A que parece real?
   Y esta sirve para todo:
   para marcar paquete,
   para tener relaciones sexuales
   y para mear de pie.
   ¡Tres en uno!
   ¡Ya no tendrás que esconderte
   en el váter individual para mear!
   ¿No estás contento?

L.— Pero... mamá...
   Esto es... enorme...

M.— *(Disgustada)*
   ¿No te gusta?
   Marca demasiado el género, ¿no?
   La tienen de otras tallas,
   en otros colores...

   Claudia sale del váter vestida como Columbia, uno de los personajes de "The Rocky Horror Picture Show", el musical favorito de

Lucas. Nadie parece percibir nada extraño en su sorprendente conjunto de chaqueta, pajarita a juego con su pelo teñido de rojo, sombrero dorado, corpiño, short *de colores, medias transparentes y zapatos de claqué. Claudia se queda flipada mirando la prótesis.*

C.— ¡Vaya... pollón!

L.— ¡Y es mío! *(Ríe)*
   ¡Te presento
   a PeeCock Gen 4
   de 4,75 pulgadas!
   Claudia, PeeCock Gen 4.
   PeeCock Gen 4, Claudia.

C.— ¡Encantada!
   ¿Puedo tocarla?

L.— *(La protege)* ¡Ni de coña!
   (La siente) ¡Qué suave!
   (A su madre) Pero esto...
   ¡te habrá costado una pasta!

M.— No. Sí. Bueno...
   A mí sola, no.
   Es un regalo de todas.

L.— ¿De todas?
   (A Claudia) ¿Tú lo sabías?

M.— Fue idea suya.

   Claudia asiente, ríe y abraza a la Madre.

Hicimos una recolecta
tus amigas y yo...

¡Participó hasta el profesor
ese que te odia!

L.— ¿El de Lengua?

C.— Tu madre puede llegar a ser
muy persuasiva.

> *Ahora es la Madre quien ríe. De pronto, se abre la puerta de entra-*
> *da. Aparece Laura, entre espantada e indignada. Su aspecto es el*
> *de Magenta, otro de los personajes del musical favorito de Lucas:*
> *cabello caoba encrespado, palidez extrema y labios rojísimos; viste*
> *picardías bajo un uniforme de criada, medias de rejilla y botines.*
> *Nadie parece percibir lo llamativo de su atuendo ni comenta nada*
> *al respecto.*

LA.— ¡LUCAS!

L.— ¡LAURA!

LA.— ¿Por qué nos borras?

L.— ¿Perdona?

LA.— ¿Por qué nos borras
como mujeres?

L.— ¿En qué año estamos?

LA.— ¡No te hagas el loco!
Salimos del confinamiento
y tú estás a punto de acabar
el Bachillerato.

L.— ¡2020! ¿Ya?

C.— ¿Pero tú no estabas contando esto?

L.— En parte...

LA.— ¿Qué te hemos hecho, Lucas?

L.— ¿Qué dices?

M.— ¿Qué has hecho ahora, Lucas?

C.— ¿Nos borras? ¿A nosotras?

LA.— ¡Después de todo lo que hemos hecho por ti!

L.— Laura, ya hemos hablado de esto...

C.— ¡Después de regalarte la PeeCock Gen 4!

LA.— Y yo te creí,
    pero ahora lo dice...
    ¡J. K. Rowling!

M.— ¿Quién es esa?

C.— La de *Harry Potter*.

M.— ¡A Lucas le encanta!
    Tiene todos sus libros...

L.— ¡Mamá, por favor!
    No tengo todos sus libros.
    (Mira hacia la puerta de un váter)
    ¿Qué has hecho ahora, Jo?
    (Pausa)
    Jo, sal...
    Sé que estás ahí, J. K.

De la puerta de uno de los váteres individuales sale JKR.

C y La.— ¡J. K. Rowling!

La novelista viste elegante y enjoyada, como en la presentación de uno de sus libros superventas. En realidad es un chico, pero a todas las presentes les parece la misma Rowling en persona.

L.— Jo... ¿Otra vez, tía?

JKR.— ¡Yo no he hecho nada!

La.— ¿Cómo que no?
   Dile lo del Twitter, díselo.
   Lo que has publicado.

JKR.— Uy, ya ves...
   Una bromita en un tuit
   sobre lo de llamar a las mujeres
   "gente que menstrúa".

   Pausa.

L.— Jo, no te entiendo...
   ¿Qué sacas con eso?

La.— No, pero dile lo otro.

L.— ¿Hay más?

JKR.— Yo apoyo al colectivo trans,
   desde hace años.
   ¡Hago un montón de donaciones
   a organizaciones benéficas LGTBI!

L.— Pero esto ya lo hablamos, Jo...
Cuando le diste *like* al tuit aquel.

JKR.— Fue sin querer.

L.— Un tuit que llamaba a las mujeres trans
"hombres disfrazados con vestidos".

JKR.— Quiero que entiendas, Lucas,
que mi vida ha estado condicionada
por haber nacido mujer,
por ser mujer.

L.— Y la mía... Y la de todas.
¿Te cuento lo que me pedían
algunos tíos por las redes sociales
cuando tenía trece años?

M.— Un momento, un momento...
¡Yo no te dejaba usar
las redes sociales a los trece!

C.— ¿Qué te pedían?

L.— Pues lo mismo que ahora:
que vaya boca
para hacer mamadas,
que si le mando
fotos desnudo,
que si...

C.— Ah, bueno,
lo de siempre.

M.— ¿A ti también?

LA.— Y a mí.
Es asqueroso.

JKR.— ¡Y yo lo entiendo, Lucas!
Hace décadas que pertenezco
a un grupo social comprensivo
con las personas trans...

L.— Pues muchas gracias
por una comprensión
tan duradera, Jo.

JKR.— La violencia masculina
nos hace igual de vulnerables.

L.— ¿Entonces?

JKR.— No podéis negar
el concepto de sexo.
Es la diferencia principal
entre los hombres y las mujeres.
Si el sexo no es real,
la realidad vivida y sufrida
por todas las mujeres
de toda la historia,
de todo el mundo,
se borrará para siempre...

LA.— ¿Lo ves? ¿LO VES?
Era eso. ¿Lo ves?

M.— Hijo, eso es terrible.

JKR.— No es odio decir la verdad.
Yo no odio a las personas trans,
pero ser mujer no es un disfraz.

Pausa.

L.— ¿Piensas que soy una mujer
que se disfraza de hombre?

JKR.— Yo no he dicho eso.

L.— Lo acabas de decir.

JKR.— He dicho que ser mujer
no es un disfraz...

L.— ¡Ya! ¿Y yo?
¿Qué soy yo?
¿Una mujer
con ropa de hombre?

JKR.— ¡No es por ti, Lucas!
Tú has sido una
de mis mejores lectoras.

L.— ¡Lector, Jo! ¡Lector!

JKR.— ¿Qué quieres?
Vistes como una mujer
y me confundo.

M.— ¿Lo ves?

*El Señor sale disimuladamente de uno de los váteres interiores y
observa la conversación en silencio.*

JKR.— Esa ley que defiendes,
¡abre las puertas
de nuestros baños públicos

a cualquier hombre
que diga sentirse mujer!
Sin certificados médicos.
Sin cirugías.
Sin hormonas.
¡Eso es un peligro!
Pienso en mi hija...
Yo también sufrí
abusos y violencia, Lucas.
No quiero que a ella
le pase igual,
debo protegerla.

M.— Yo también pensaba
que la protegía,
y en las redes sociales, ya ves...

S.— Es que a las mujeres
hay que protegerlas mucho.

JKR.— Eso mismo pienso yo.
Somos vulnerables.
Y a las personas trans /

S.— No. A esas, no.
Los hombres-hombres
solo protegemos a las mujeres.
A las inmigrantes, tampoco.
Solo a las mujeres-mujeres,
a las mujeres de aquí.

JKR.— Yo soy una mujer británica.

S.— Pero blanca
y muy bien vestida.

Pausa.

JKR.— ¿Este señor de dónde ha salido?

LA.— De una cueva.

L.— ¿Nos puede dejar en paz?
Estamos conversando.
No necesitamos protección,
y menos de usted.

M.— ¿Este no es el mismo
que se coló en el quirófano?

S.— El mismo.
Soy un hombre-hombre
y estos son mis vestuarios.
¡Este es mi lugar!
Y no me pienso marchar.
¡Me ampara la ley!

C.— Pues hace unos años,
nos espió en el baño
de las chicas...
Era usted también, ¿no?

Silencio incómodo.

M.— ¿Cómo? ¿Que hacía qué?

L.— Sí, en el baño de las chicas.
Y no es una mujer trans,
precisamente...
Es un hombre-hombre
con su disfraz de macho.

S.— ¡Era mi deber!
¡Lo hice para salvaguardar
la unidad de la familia!
¡La vulva y el pene!
¡Para proteger a las mujeres de verdad!
¡Madres, esposas e hijas!

La Madre se dirige amenazadora hacia el Señor. Rápidamente, se une el resto y lo llevan a la fuerza hasta la puerta. Una mano la abre, otras echan fuera al Señor de un empujón y otra mano cierra de golpe. Son un mismo cuerpo. La Madre, Claudia, Laura, Jo y Lucas se miran, sonríen y rompen a reír a carcajadas. Finalmente, llega el silencio. Lucas se acerca a Jo.

L.— Mira a tu alrededor, Jo...
Estás en un vestuario de hombres.
Un vestuario de un instituto público
de un pueblo pequeño y perdido.
Huele a meado de macho,
a embutido y pan mojado.
Acabamos de expulsar de aquí
a un peligroso ejemplar
de *heteropatriarcado prehistórico*.
Un hombre que volverá,
porque esos siempre vuelven,
y vuelven y vuelven y vuelven
para hacernos regresar
a sus cavernas.
Y lo hará cada vez más enfadado
porque le da rabia ceder
sus privilegios.
De momento,
nos hemos librado de este.
Lo hemos echado fuera
una madre bisexual

que curra en un bingo;
una joven hetero-cis
a la que llaman "zorra"
porque le gusta follar;
una joven lesbiana
más pobre que las ratas...
Porque aquí somos
de clase baja subterránea.
Y tú eres una mujer
blanca y hetero-cis.
Una reconocida escritora
que ha atravesado todos
los techos de cristal posibles,
y que ha amasado una fortuna
de 650 millones de dólares.
Somos muy diferentes, ¿verdad?
Pero eso no ha importado.
Hemos sido un único cuerpo
para echar fuera
a ese hombre que quiere
que vuelva
un pasado cavernoso.

Mientras continúa hablando, Lucas se desnuda hasta quedarse en corsé y medias de rejilla como el Dr. Frank-N-Furter, protagonista de su musical favorito.

Y en este grupo
de mujeres
de generaciones,
clase social
y sexualidad
tan diversas,
yo, un chico trans gay.
Que trabaja

los fines de semana
en el mismo bingo
que su madre.
Un chico trans gay
a quien le espera un futuro
igual o más difícil
que su pasado,
que su presente.
Y que, a pesar de todo,
no piensa convertir
su vida en un drama.

Lucas se carda el pelo y se pone un collar de perlas, el de Jo.

Y en este contexto...
(A Jo) ¿piensas que una ley nacional,
para que nadie piense
que estoy enfermo,
borrará todo lo que sabemos
sobre la opresión sexual
y la explotación reproductiva
que sufren las mujeres
históricamente
en todos los países del mundo?
Por muchas donaciones
que hayas hecho a colectivos LGTBI,
¿no has pensado
que tu situación de privilegio
favorece la injusticia social,
la desigualdad y la violencia
del patriarcado?
¿De qué sirve
que tú sola y cuatro más
rompáis tantos techos de cristal...?
Con los añicos

de vuestros techos rotos,
otras se hacen cortes
para sentirse vivas...
¿Por qué razón
tú puedes ser sujeto político
del feminismo
y yo no...?

Pausa.

Y todo esto
no lo digo para herirte
ni para que nos peleemos.
Te lo pregunto en serio,
porque no sé las respuestas.
Te lo pregunto
para que lo hablemos en paz.

Silencio. Lucas se calza unos zapatos de tacones imposibles.

Te respeto y te admiro, Jo.
Me sé de memoria
fragmentos enteros
de tus novelas,
pero hay gente
que necesita esa ley
para que no la consideren
enferma.
¿Y si tú necesitaras
huir de tu cuerpo?
¿Y si tener una única identidad
te resultara espantoso?
¿Y si...?
¿Lo ves?
¡Tengo un montón de preguntas!

Y las respuestas posibles
no son blancas
o negras.

Pausa.

Y ahora...
os tengo que dejar.
Debo volver a mi planeta.

JKR.— ¿Qué... planeta?

Lucas termina de pintarse los labios con un rojo bien potente.

L.— Mi planeta: Transexual.
Mi querido mundo
de color de rosa,
en un rincón
de la galaxia de Transilvania.

M.— ¿Pero eso no es donde Drácula?

L.— Mamá, parece mentira...
Hablo del planeta del musical
The Rocky Horror Picture Show.
¡Hemos visto mil veces esa peli!

M.— ¡Ah, sí!
La del doctor Frankenstein travesti.

L.— ¡El Dr. Frank-N-Furter, mamá!

M.— ¡Ese!
Que resulta que es extraterrestre
y que antes de volver a su planeta

se trajina a un matrimonio
de panolis puritanos, ¿no?

L.— Sí, esa peli.

M.— Está entretenida.

L.— No es entretenimiento,
    ¡es arte!
    Por eso, imagino ahora
    a las criadas del doctor:
    Laura de Magenta
    y Claudia de Columbia.
    Por eso, vosotras dos
    también lleváis lencería sexy.

La Madre y Jo se miran por debajo de la ropa. Las dos empiezan a desvestirse. Poco a poco, se impone el zumbido de una abeja.

M.— Uy, pero qué cosa más mona.

L.— *Rocky Horror* me cambió la vida.
    Mucho más que *Harry Potter*.
    Lo siento, Jo.
    Hablo de otra magia.
    Me enamoré del Dr. Frank-N-Furter,
    de su mezcla de *femme fatale*
    y abuela con cardado y perlas.
    ¡Me explotó la cabeza!
    No había visto nunca nada igual.

JKR.— ¿Qué es ese ruido?
    Es como... ¿un zumbido?

L.— Es mi *tattoo*. ¿Lo veis?

JKR.— ¿Una abeja?

L.— ¡SÍ! Una abeja...
    ¡Rebelde y salvaje!

De repente, todos los personajes congelan sus posturas, excepto Lucas.

(Al público) Aquí imagino que el zumbido se convierte en las primeras notas de *Wild and untamed thing*, uno de los números finales de *Rocky Horror*. Cuando ponga en escena mi vida, solicitaré los derechos.
Para mí, Richard O'Brien es Dios. Me gustaría poder cantar y bailar junto al resto de los personajes esa coreografía maravillosa inspirada en las del Moulin Rouge y el Folies Bergère, pero sin faldas enormes: con lencería *hot*. De momento, lo pueden imaginar. ¿Lo imaginan? ¿Oyen la música? Esta canción es importante para entender mejor mi *tattoo*... Habla de ser una abeja rebelde y salvaje que, con solo su picadura, te hace explotar el corazón. Cuando la oí por primera vez, lloré emocionado... ¡Yo también soy una abeja rebelde y salvaje! Y dejaría entrar al señor que me persigue desde que mi madre me parió. Haría el papel del Dr. Scott, vestido así, con un corsé, medias de rejilla y taconazos. Y sentado en una silla de ruedas, como en la peli, no pararía de bailar, feliz. Por fin, ¡feliz! ¡Eso sería genial! Y entonces, en el momento más intenso, se abriría de golpe la puerta de entrada y se interrumpiría la música y el baile. Todo se detendría, y se haría el silencio. *(Silencio)* Como ahora... Y en el umbral de la puerta, aparecería el chico cazador apuntándome con su escopeta. *(Se abre la puerta de golpe)* Y diría:

CH.— Dr. Lucas-Frank-N-Furter,
    ¡se acabó!
    ¡Tu misión en este mundo
    ha fracasado!

¡Tu forma de vida
es demasiado radical!
¡Soy el nuevo comandante,
ahora eres mi prisionero!

L.— ¡Eso nunca!

CH.— ¡Pues prepárate a morir
como un conejo bebé enfermo!

> *Oscuro súbito.*
> *Cuando vuelve la luz, el Chico, en el umbral de la puerta, apunta*
> *a Lucas con su móvil. Lucas todavía viste de Frank-N-Furter, pero*
> *está solo. El Chico baja el móvil lentamente.*

¿Estás bien?

L.— *(Confuso)* ¿Qué?

CH.— Has puesto una cara...
¿Qué haces aquí solo?

L.— Ah, nada...
Preparándome
para la fiesta de final de curso.
Hoy es mi último día aquí.
No pienso repetir más cursos.
¿Qué hacías con el móvil?

CH.— Ah, nada...
Quería enseñarte una foto.

> *El Chico le da su móvil y se va a mear a un urinario de pared.*

L.— ¿Más conejos muertos?

CH.— Sí, ¡veinte! ¡Mi récord!
Los he cazado este finde.

L.— ¿Estaban... enfermos?

CH.— Sanos, sanos.
Son para comer.
Ya están pelados, limpios y congelados.
Tenemos carne para meses.
(Aprieta el botón de la cisterna y se gira)
¿Quieres un par?

L.— Soy vegetariano.

CH.— ¿También? No lo sabía.

L.— ¿Y sabes que en España
hay más cerdos que personas?

CH.— No.
Tampoco lo sabía.
(Sin lavarse las manos recupera su móvil)
Te vas a la capi a estudiar, ¿verdad?

L.— Si encuentro habitación, sí.
Llevo semanas buscando.
Tiene que ser una casa
LGTBI Friendly.
¿Sabes qué es eso?

CH.— ¿Solo para gente como tú?

L.— No. Es una casa
en la que se acepta
convivir con personas LGTBI.

¿No es supertriste?
Puedo entender
que no se acepte
convivir con fumadores,
incluso con mascotas...
¡Pero tener que buscar una casa
donde te respeten
y no haber encontrado nada todavía!

CH.— Bueno, tú te haces respetar.

L.— ¿Yo?

CH.— Te has pintado el pelo
de mil colores diferentes,
te has vestido como has querido
y nadie en el instituto
ni en el pueblo
te ha dicho nada a la cara.

L.— Tú matas animales
y tampoco te dicen nada.

CH.— Es lo que he aprendido.
Lo que me han enseñado
mi padre y mi abuelo.
Creo que mucha gente finge
lo que no quiere ser...

L.— ¿Tú haces eso?

CH.— ¿Yo? Yo no...
A mí me gusta cazar
y también
me gustan mucho los animales.

Sé que suena raro,
pero es lo que siento,
o lo que he aprendido...,
no lo sé.
Mola mucho tu disfraz,
vas de Frank-N-Furter, ¿no?

L.— ¿Lo conoces?

CH.— Me encanta esa peli.

L.— ¿*Rocky Horror*?

CH.— Sí, ¿te sorprende?

L.— No, no...

El Chico mira a Lucas y se fija en sus zapatos de tacón.

¿Qué pasa?

CH.— Creo que tenemos el mismo número.
¿Me dejas probarme los zapatos?

L.— Claro...

El Chico se sienta en el suelo y se pone los zapatos con tacones de vértigo.

No te caigas...

CH.— De pequeño
me ponía los zapatos
de mi madre.
Me sentía mayor.

L.— Y yo.

CH.— Ya, pero tú entonces
eras una chica...
Un día mi padre me vio
y del guantazo que me dio
casi atravieso el suelo.
Casi me entierra de la hostia.
(Se pone en pie)
Mola,
¡te sientes más alto
que nadie!
(Camina torpemente)
Joder, ¡qué difícil!
¡Joder, joder, qué daño!

> *Tropieza, pierde el equilibrio y se cae entre risas. Se quita los zapatos aliviado y los deja en el suelo. Se acerca a Lucas sonriendo. Inesperadamente, lo abraza. Cuando se separa, Lucas está rígido como una piedra. El Chico se vuelve a poner sus deportivas.*

Gracias.

L.— ¿Por qué?

CH.— No lo sé.
Das buen rollo.
Seguro que encuentras
una habitación.

L.— ¿Tú querrías volver a nacer?

> *Pausa.*

(Al público) El Chico me hace un gesto así, como de no tener ni idea.
Se despide con una sonrisa y sale del vestuario y de mi cabeza. La

luz falla un par de veces. Voy hacia el urinario de pared y orino de pie. Ahora podéis escuchar el chorrito.

Cuando acabo, me subo la cremallera, suelto el agua de la cisterna y me giro. Y la luz vuelve a fallar. Va y viene unos instantes. Os busco en la oscuridad, pero no os veo. Sé que estáis ahí, por eso miro hacia donde se supone que estáis. Ahí. En silencio.

Entonces se escucha el zumbido de una abeja. Cada vez más y más fuerte. ¿Lo oís? Yo sí. Y la luz de sala aumenta de intensidad hasta iluminar todo el patio de butacas. Todo. Entero. Y ahora sí... Ahora os veo. Os miro. Nos miramos. Y de nuevo, el silencio. Nos miramos. Con toda esta luz, en silencio.

Entonces os sonrío.

Oscuro final.

La generosidad trans es la capacidad que tienen los cuerpos e identidades *genderqueer* para crear críticamente nuevos tipos de relaciones y espacios sociales de ayuda (generizados) cuando sus cuerpos e identidades son vividas abiertamente de un modo que problematiza el lenguaje normativo, la lógica y la estructura del bigenerismo.

RODRIGUEZ, N. M. (2016). «Trans generosity», en RODRIGUEZ, N. M., MARTINO, W. J., INGREY, J. C. y BROCKENBROUGH, E. (Eds.): *Critical Concepts in Queer Studies and Education. An International Guide for the Twenty-First Century*. New York. Palgrave Macmillan, p. 409.

Si los hechos reales existen, esta obra está basada en hechos reales.

Tablón de anuncios del instituto de un pequeño pueblo de interior. A la izquierda, Lucas y unas compañeras en la fiesta de graduación de Bachillerato. A la derecha, imagen promocional de *The Rocky Horror Picture Show*.

La generosidad nace de un proyecto educativo sobre identidad de género y diversidad sexual en el IES Alameda de Utiel entre 2017 y 2021, coordinado por el profesor de Educación Física Jorge Fuentes.

A partir del 15 de mayo de 2025, esta obra no habría sido posible. Ese día, en las Cortes Valencianas, por iniciativa de PP y VOX, se prohibió a los centros educativos de la Comunidad Valenciana el desarrollo de proyectos de esta naturaleza. Dicha prohibición forma parte de una serie de enmiendas a la Ley Integral de Reconocimiento del Derecho a la Identidad y Expresión de Género aprobada en 2017 por el gobierno autonómico anterior. Tales enmiendas significan la desprotección de los derechos de las personas LGTBIQ+ y, entre otras derivadas, abren la puerta a la aplicación de terapias de conversión.

Hemos vuelto al baño en el que hace siete años aprendimos a construir diversidad. Ya no huele a meado, ni a embutido, ni a pan mojado. Hay un olor suave, terroso, ligeramente polvoriento. Es el barro seco olvidado que impregna el IES Alameda desde que el 29 de octubre de 2024 la DANA lo devastara.

Sentados frente al urinario, Lucas me relata su encuentro sexual de la noche anterior. El roce de la arena de la playa sobre los cuerpos desnudos en el momento que brilla una estrella fugaz. Sonreímos.

Jorge escucha. Como siempre. Y empieza a hablar de lo que tienen en común el barro seco y la arena de la playa. "Ambos son tierra transformada", me dice.

Sonreímos.

Salimos del baño atravesando lo que era una pared. Caminamos por el patio exterior que lleva hasta el forjado sanitario.

Abrazo sin espacios.

Desde que nos conocimos en clase de Educación Física, hemos tejido una red de cuidados visibles por entre los huecos que existen en las estructuras convencionales. Una conexión empática. Una atención mutua.

La generosidad es una huella más en la búsqueda de los buenos cuidados.

Lucas y Jorge

A Arancha
y a las otras madres
que nos leyeron

Otros títulos publicados en esta misma colección

DE HOMBRE A HOMBRE
Mariano Moro Lorente

LEVANTE
Carmen Losa

LA PLAYA DE LOS PERROS DESTROZADOS
Nacho de Diego

CLIFF (ACANTILADO)
Alberto Conejero

BECA Y EVA DICEN QUE SE QUIEREN
Juan Luis Mira Candel

EL AÑO QUE MI CORAZÓN SE ROMPIÓ
Iñigo Guardamino

EUDY
Itziar Pascual

LA TARDE MUERTA
Alberto de Casso

ALIMENTO PARA MASTINES
Javier Sahuquillo